Impressum
Verlag: BABADADA GmbH, Nedderfeld 112 , 22529 Hamburg
Geschäftsführer / Verlagsleitung: Harald Hof
Druck: Books on Demand GmbH, In de Tarpen 42, 22848 Norderstedt

Imprint
Publisher: BABADADA GmbH, Nedderfeld 112 , 22529 Hamburg, Germany
Managing Director / Publishing direction: Harald Hof
Print: Books on Demand GmbH, In de Tarpen 42, 22848 Norderstedt, Germany

sekolah
学校

membagi
除

186/2

papan
黑板

ruang kelas
教室

halaman sekolah
校园

guru
老师

kertas
纸

menulis
书写

pena
钢笔

meja kerja
办公桌

penggaris
直尺

buku
书

murit
学生

tas sekolah

书包

tempat pensil

铅笔盒

pensil

铅笔

pengasah pensil

卷笔刀

penghapus

橡皮擦

kertas gambar

画板

gambar
图画

kuas
画笔

kotak cat
颜料盒

gunting
剪刀

lem
胶水

buku latihan
练习册

pekerjaan rumah
家庭作业

angka
数字

tambhakan
加

mengurangi
减

mengalikan
乘

menghitung
计算

huruf
字母

alfabet
字母表

kata
字

sekolah - 学校

3

teks
....
课文

membaca
....
读

kapur
....
粉笔

pelajaran
....
上课

daftar
....
登记

ujian
....
考试

sertifikat
....
证书

seragam sekolah
....
校服

pendidikan
....
教育

ensiklopedi
....
百科全书

universitas
....
大学

mikroskop
....
显微镜

peta
....
地图

tempat sampah
....
废纸篓

hotel
酒店

hostel
青年旅社

kantor pertukaran mata uang
外币兑换处

koper
手提箱

mobil
汽车

bahasa

语言

ya / tidak

是/否

okay

好的

hallo

您好

penerjemah

翻译员

terima kasih

谢谢

Berapa harganya...?

......多少钱？

saya tidak mengerti

我不明白

masalah

问题

Selamat malam!

晚上好！

Selamat siang!

早上好！

Selamat tidur!

晚安！

sampai jumpa

再见

arah

方向

bagasi

行李

tas

包

ransel

双肩包

tamu

客人

ruang

房间

kantong tidur

睡袋

tenda

帐篷

informasi wisata

旅游信息

pantai

海滩

kartu kredit

信用卡

sarapan

早餐

makan siang

午餐

makan malam

晚餐

tiket

票

elevator

电梯

perangko

邮票

perbatasan

边界

cukai

海关

kedutaan

大使馆

visa

签证

paspor

护照

transportasi
交通运输

kapal terbang
飞机

perahu
船

mobil pemadam kebakaran
消防车

truk
卡车

bis
公交车

perahu motor
汽艇

mobil
汽车

sepeda
自行车

feri

摆渡船

perahu

小船

sepeda motor

摩托车

mobil polisi

警车

mobil balapan

赛车

mobil sewa

租车

berbagi mobil

拼车

truk derek

拖车

truk sampah

垃圾车

motor

发动机

bahan bakar

汽油

bensin

加油站

tanda lalulintas

交通标志

lalulintas

交通

macet

交通堵塞

parkir mobil

停车场

stasiun kereta

火车站

trek

轨道

kereta api

火车

tram

电车

gerobak

货车

helikopter

直升机

bendara

机场

menara

塔

penumpang

乘客

container

集装箱

karton

纸板箱

troli

手推车

keranjang

篮子

berangkat / mendarat

起飞/降落

kota

城市

desa

村庄

pusat kota

市中心

rumah

房子

bioskop
电影院

iklan
广告

lampu jalanan
路灯

jalanan
街道

taksi
出租车

toko jajan
小吃店

pejalan kaki
行人

trotoar
人行道

penyebarang
十字路口

tempat penyebrangan jalan
斑马线

tempat sampah
垃圾箱

lampu lalu lintas
红绿灯

CINEMA

gubuk
小屋

rumah flat
公寓

stasiun kereta
火车站

balai kota
市政厅

museum
博物馆

sekolah
学校

universitas

大学

bank

银行

rumah sakit

医院

hotel

酒店

farmasi

药房

kantor

办公室

toko buku

书店

toko

商店

toko bunga

花店

supermarket

超市

pasar

市场

toko serba ada

百货商店

nelayan

鱼店

pusat belanja

购物中心

pelabuhan

海港

taman

公园

banku

长凳

jembatan

桥

tangga

楼梯

kereta bawah tanah

地铁

terowongan

隧道

pemberhantian bis

公交车站

bar

酒吧

restauran

餐馆

kotak surat

邮筒

tanda jalan

路标

meteran parkir

停车计时器

kebun binatang

动物园

kolam renang

游泳馆

mesjid

清真寺

pertanian
农场

polusi
污染

kuburan
墓地

gereja
教堂

tempat bermain
操场

pura
寺庙

pemandangan
地形

daun
树叶

penunjuk arah
指示牌

jalanan
路

padang rumput
草地

batu
石头

pohon
树

pejalak kaki
徒步旅行者

sungai
河

rumput
草

bunga
花

lembah

峡谷

bukit

山

danau

湖

hutan

森林

padang gurun

沙漠

gunung berapi

火山

istana

城堡

pelangi

彩虹

jamur

蘑菇

pohon palem

棕榈树

nyamuk

蚊子

lalat

苍蝇

semut

蚂蚁

lebah

蜜蜂

laba-laba

蜘蛛

kumbang

甲虫

kodok

青蛙

tupai

松鼠

landak

刺猬

kelinci

野兔

burung hantu

猫头鹰

burung

鸟

angsa

天鹅

babi jantan

野猪

rusa

鹿

rusa

麋鹿

bendungan

水坝

turbin angin

风力发电机

panel surya

太阳能电池板

iklim

气候

pelayan
服务员

daftar makanan
菜单

kursi
椅子

sup
汤

pizza
披萨饼

peralatan makan
餐具

taplak
桌布

hindangan pembuka

前菜

hidangan utama

主菜

hidangan penutup

甜点

minuman

饮料

makanan

食物

botol

瓶子

fastfood

快餐

masakan jalanan

街边小吃

teko teh

茶壶

kaleng gula

糖盒

porsi

一份饭菜

mesin espresso

意式咖啡机

kursi tinggi

高脚椅

tagihan

账单

baki

托盘

pisau

刀

garpu

餐叉

sendok

勺子

sendok teh

茶匙

serbet

餐巾

gelas

玻璃杯

piring

碟子

piring sup

汤盘

lepek

碟子

saus

酱

tempat garam

盐瓶

gilingan merica

胡椒磨

cuka

醋

minyak

食用油

bumbu

调味料

saus tomat

番茄酱

mustar

芥末

mayones

蛋黄酱

penawaran khusus
特价

klien
顾客

produk susu
乳制品

FOR

buah
水果

troli
购物车

pembantai

肉铺

toko roti

面包房

menimbang

称重

sayur

蔬菜

daging

肉

makanan beku

冷冻食品

pemotongan dingin

冷盘

makanan kaleng

罐头食品

sabun serbuk

洗衣粉

permen

甜食

alat-alat rumah tangga

日用品

obat pembersihan

清洁用品

penjual

销售员

kasa

收银机

kasir

收银员

daftar belanja

购物清单

jam buka

开放时间

dompet

钱包

kartu kredit

信用卡

tas

袋子

kantong plastik

塑料袋

minuman

饮料

air

水

jus

果汁

susu

牛奶

cola

可乐

anggur

红酒

bir

啤酒

alkohol

酒

coklat

可可

teh

茶

kopi

咖啡

espresso

意式浓缩咖啡

cappucino

卡布奇诺

pisang

香蕉

apel

苹果

jeruk

橙子

semangka

西瓜

jeruk lemon

柠檬

wortel

胡萝卜

bawang putih

大蒜

bambu

竹子

bawang bombai

洋葱

jamur

蘑菇

kacang

坚果

mi

面条

spagetti

意大利面条

nasi

米饭

salat

沙拉

kentang goreng

薯条

kentang goreng

炸土豆

pizza

披萨饼

hamburger

汉堡包

sandwich

三明治

sayatan

炸猪排

ham

火腿

salami

萨拉米

sosis

香肠

ayam

鸡肉

menggoreng

烤肉

ikan

鱼

bubur gandum

燕麦片

sereal

穆兹利

cornflakes

玉米片

tepung

面粉

croissant

羊角面包

roti

面包卷

roti

面包

toast

烤面包

biskuit

饼干

mentega

黄油

dadih

凝乳

kue

蛋糕

telur

蛋

telur goreng

煎蛋

keju

奶酪

eskrim

冰激凌

gula

糖

madu

蜂蜜

selai

果酱

krim nugat

巧克力酱

kare

咖喱饭

rumah peternakan
农舍

bale jemari
稻草捆

lumbung
粮仓

lapangan
田野

kuda
马

kereta gandeng
拖车

anak kuda
马驹

traktor
拖拉机

keledai
驴

domba
羔羊

domba
羊

kambing

山羊

sapi

奶牛

betis

牛犊

babi

猪

celeng

小猪

banteng

公牛

angsa

鹅

bebek

鸭

anak ayam

小鸡

ayam

母鸡

ayam jantan

公鸡

tikus

鼠

kucing

猫

tikus

老鼠

lembu

牛

anjing

狗

rumah anjing

狗屋

selang

花园浇水软管

penyiram

洒水壶

sabit

长柄大镰刀

bajak

犁

sabit
镰刀

cangkul
锄头

garpu rumput
长柄草耙

kapak
斧头

gerobak
独轮手推车

palung
饲料槽

kaleng susu
牛奶罐

karung
麻布袋

pagar
栅栏

kandang
马厩

rumah kaca
温室

tanah
土壤

benih
种子

pupuk
肥料

mesin pemanen
联合收割机

panen

收割

panen

收割

yams

山药

gandum

小麦

kedelai

大豆

kentang

土豆

jagung

玉米

lobak

油菜籽

pohon buah

果树

singkong

树薯

sereal

谷物

cerobong
烟囱

atap
屋顶

pipa talang
落水管

jendela
窗户

garasi
车库

bel pintu
门铃

pintu
门

sampah
垃圾桶

kotak surat
信箱

kebun
花园

ruang tamu

客厅

kamar mandi

浴室

dapur

厨房

kamar tidur

卧室

kamar anak

儿童房

kamar makan

餐厅

lantai

地板

tembok

墙壁

atap

吊顶

gudang di bawah tanah

地窖

sauna

桑拿

balkon

阳台

teras

露台

kolam renang

游泳池

mesin pemotong rumput

割草机

sprei

被单

selimut

床罩

tempat tidur

床

sapu

扫帚

ember

水桶

tombol

开关

kertas dinding
壁纸

gambar
照片

lampu
台灯

rak
搁架

kabinet
橱柜

perapian
壁炉

televisi
电视机

bunga
花

bantal
垫子

sofa
沙发

vas
花瓶

remote control
遥控器

karpet

地毯

korden

窗帘

meja

餐桌

kursi

椅子

kursi goyang

摇椅

kursi malas

扶手椅

buku
书

selimut
毯子

dekorasi
装饰品

kayu bakar
木柴

filem
电影

hi-fi
高保真音响

kunci
钥匙

koran
报纸

lukisan
油画

poster
海报

radio
收音机

buku tulis
笔记本

penyedot debu
吸尘器

kaktus
仙人掌

lilin
蜡烛

kulkas
冰箱

mesin pemanggang
微波炉

timbangan
厨房秤

pemanggang roti
烤面包机

deterjen
洗洁精

lemari es
冰柜

kompor
烤箱

sampah
垃圾桶

mesin pencuci piring
洗碗机

kompor

炊具

panci

锅

panci besi

铸铁锅

wajan

炒锅

panci

平底锅

pemanas air

水壶

panci pengukus makanan

蒸锅

nampan

烤盘

piring

陶瓷锅

cangkir

马克杯

mangkok

碗

sumpit

筷子

sendok sup

长柄勺

sudip

铲子

mengocok

搅拌器

saringan

滤网

saringan

筛子

parutan

磨碎机

mortir

研钵

barbeque

烧烤

api terbuka

明火

papan memotong

菜板

gilingan

擀面杖

alat pembuka botol

开瓶器

kaleng

罐子

pembuka kaleng

开罐器

pegangan panci

隔热手套

wastafel

水槽

sikat

刷子

busa

海绵

mesin pencampur

搅拌机

lemari es

冷藏箱

botol bayi

奶瓶

keran

水龙头

mesin pemanas
供暖设备

mandi
淋浴

handuk
毛巾

tirai kamar mandi
浴帘

mandi busa
泡沫浴

bak mandi
浴缸

gelas
玻璃杯

mesin cuci
洗衣机

keran
水龙头

ubin
瓷砖

pispot
便壶

wastafel
水槽

toilet
厕所

toilet jongkok
蹲便器

bidet
坐浴器

pissoir
小便池

kertas toilet
厕纸

sikat toilet
马桶刷

sikat gigi

牙刷

pasta gigi

牙膏

benang gigi

牙线

menyuci

洗

pancuran tangan

手持式喷淋头

pancuran

冲洗器

bak

洗脸盆

sikat punggung

擦背刷

sabun

肥皂

gel mandi

沐浴露

sampo

洗发水

planel

法兰绒

kuras

排水

krim

乳霜

deodoran

除臭剂

kaca

镜子

cermin tangan

手镜

pisau cukur

剃须刀

busa cukur

剃须泡沫

aftershave

须后水

sisir

梳子

sikat

刷子

alat pengering rambut

吹风机

semprot rambut

喷发定型剂

makeup

化妆品

lipstik

唇膏

cat kuku

指甲油

kapas

化妆棉

gunting kuku

指甲剪

minyak wangi

香水

kantong pencuci

洗漱包

bangku

凳子

timbangan

计重秤

mantel mandi

浴袍

sarung tangan karet

橡胶手套

tampon

卫生棉条

handuk pembalut

卫生巾

toilet kimia

化学厕所

jam alarm
闹钟

boneka tidur
毛绒玩具

mobil-mobilan
玩具车

kelintung
拨浪鼓

rumah boneka
玩具屋

kado
礼物

balon

气球

tempat tidur

床

kereta bayi

（洋娃娃用）婴儿车

mainan kartu

扑克牌

teka-teki

拼图

komik

漫画

mainan lego

乐高积木

blok mainan

积木玩具

figur aksi

玩具人

baju monyet

婴儿服

frisbee

飞盘

mobile

床铃玩具

permainan papan

棋盘游戏

dadu

骰子

set model kreta api

火车模型

dot

安抚奶嘴

pesta

聚会

buku gambar

绘本

bola

球

boneka

洋娃娃

bermain

玩

tempat main pasir

沙坑

ayunan

秋千

mainan

玩具

video game konsol

游戏机

sepeda roda tiga

三轮车

teddy

泰迪熊

lemari pakaian

衣柜

pakaian

衣服

kaos kaki

袜子

kaos kaki

长袜

baju ketat

紧身裤

syal
围巾

payung
雨伞

kaos
T恤

sabuk
皮带

sepatu bot
靴子

sandal
拖鞋

sepatu
运动鞋

sandal
凉鞋

sepatu
鞋

sepatu bot karet
雨靴

celana dalam
内裤

BH
胸罩

baju rompi
背心

body

身体

celana

裤子

jeans

牛仔裤

rok

短裙

blus

女式衬衫

kemeja

衬衫

aket berkerudung

套头衫

sweater

卫衣

jaket

西装夹克

jaket

夹克

mantel

外套

jas hujan

雨衣

kostum

套装

gaun

连衣裙

gaun pengantin

婚纱

setelan resmi

西装

gaun tidur

睡袍

piyama

睡衣

sari

莎丽

jilbab

头巾

turban

包头巾

burka

波卡

kaftan

卡夫坦

abaya

(阿拉伯式)长袍长袍

pakaian renang

泳衣

celana renang

男式泳裤

celana pendek

短裤

olah raga

运动服

celemek

围裙

sarung tangan

手套

kancing

纽扣

kacamata

眼镜

gelang

手链

kalung

项链

cincin

戒指

anting

耳环

topi

便帽

gantungan mantel

衣架

topi

帽子

dasi

领带

ritsleting

拉链

helm

头盔

tali selempang

背带

seragam sekolah

校服

seragam

制服

oto

围兜

dot

安抚奶嘴

popok

尿不湿

server
服务器

lemari arsip
文件柜

pencetak
打印机

layar
显示屏

kertas
纸

mouse komputer
鼠标

meja kerja
办公桌

tempat pengarsipan
文件夹

papan tombol
键盘

tempat sampah
废纸筐

kursi
椅子

computer
电脑

cangkir kopi

咖啡杯

kalkulator

计算器

internet

因特网

laptop

笔记本电脑

surat

信件

pesan

消息

telepon seluler

手机

jaringan

网络

fotokopi

复印机

software

软件

telepon

电话

plug soket

插座

mesin fax

传真机

formulir

表格

dokumen

文件

membeli

买

membayar

付钱

berdagang

交易

uang

现金

Dollar

美元

Euro

欧元

Yen

日元

Rubel

卢布

Franc Swiss

瑞士法郎

Renminbi Yuan

人民币

Rupiah

卢比

ATM

提款处

kantor pertukaran mata uang

外币兑换处

emas

金

perak

银

minyak

石油

energi

能源

harga

价格

kontrak

合同

pajak

税金

saham

股票

bekerja

工作

karyawan

职员

majikan

老板

pabrik

工厂

toko

商店

petugas polisi
警官

pemadam kebakaran
消防员

pemasak
厨师

dokter
医生

pilot
飞行员

tukan kebun

园丁

tukang kayu

木匠

penjahit wanita

裁缝

hakim

法官

ahli kimia

化学家

aktor

演员

sopir bis

公交车司机

sopir taksi

出租车司机

nelayan

渔夫

pembantu

清洁女工

tukang atap

屋顶工

pelayan

服务员

pemburu

猎人

pelukis

画家

tukang roti

面包师

tukang listrik

电工

pembangun

建筑工人

insinyur

工程师

tukang daging

屠夫

tukang ledeng

水管工

tukang pos

邮递员

tentara

士兵

arsitek

建筑师

kasir

收银员

penjual bunga

花农

penata rambut

理发师

konduktor

售票员

montir

机械师

kapten

船长

dokter gigi

牙医

ilmuwan

科学家

rabbi

拉比

imam

伊玛目

biarawan

和尚

pendeta

牧师

palu
铁锤

tang
钳子

obeng
螺丝刀

kunci
扳手

obor
手电筒

penggali

挖掘机

tas perkakas

工具箱

tangga

梯子

gergaji

锯子

paku

钉子

bor

钻机

perbaikan

修

sekop

铲子

Sialan!

靠！

cikrak

簸箕

pot cat

油漆桶

sekrup

螺丝

alat musik
乐器

pengeras suara
扬声器

alat drum
打击乐器

gitar
吉他

bas
低音提琴

trompet
小号

piano

钢琴

violin

小提琴

bass

贝斯

tambur

定音鼓

drum

鼓

keyboard

电子琴

saksofon

萨克斯管

suling

长笛

mikrofon

麦克风

pintu masuk
入口

macan
老虎

kandang
笼子

sebra
斑马

pakan ternak
动物饲料

panda
熊猫

hewan

动物

gajah

大象

kanguru

袋鼠

badak

犀牛

gorila

大猩猩

beruang

熊

unta

骆驼

burung unta

鸵鸟

singa

狮子

monyet

猴子

flamingo

火烈鸟

burung beo

鹦鹉

beruang polar

北极熊

penguin

企鹅

hiu

鲨鱼

merak

孔雀

ular

蛇

buaya

鳄鱼

penjaga kebun binatang

动物园管理员

segel

海豹

jaguar

美洲豹

kuda poni

矮种马

macan tutul

豹

kuda nil

河马

jerapah

长颈鹿

burung elang

老鹰

babi jantan

野猪

ikan

鱼

kura-kura

龟

anjing laut

海象

rubah

狐狸

kijang

羚羊

american football
橄榄球

naik sepeda
骑自行车

tennis
网球

basketbal
篮球

bernang
游泳

tinju
拳击

hoki es
冰球

sepak bola

英式足球

badminton

羽毛球

atletik

田径

bola tangan

手球

main ski

滑雪

polo

马球

meloncat
跳

ketawa
笑

memeluk
拥抱

berjalan
走路

menyanyi
唱

mengimpi
做梦

berdoa
祈祷

mencium
亲吻

menulis

书写

melukis

画

menunjuk

展示

mendorong

推

memberikan

给

mengambil

拿

mempunyai

有

melakukan

做

adalah

当

berdiri

站

berlari

跑

menarik

拉

melempar

扔

jatuh

摔倒

tidur

躺

menunggu

等待

membawa

携带

duduk

坐

berpakaian

穿衣

tidur

睡觉

bangun

醒来

melihat

看

menangis

哭

mengelus

抚摸

menyisir

梳头

berbicara

交谈

mengerti

明白

menanyak

问

mendengar

听

minum

喝

makan

吃

merapikan

清理

cinta

爱

memasak

做饭

menyetir

开车

terbang

飞

aktivitas - 活动

berlayar

航行

menghitung

计算

membaca

读

belajar

学习

bekerja

工作

menikah

结婚

menjahit

缝

sikat gigi

刷牙

membunuh

杀

merokok

抽烟

kirim

寄

nenek
祖母

kakek
祖父

bapak
父亲

ibu
母亲

bayi
婴童

putri
女儿

putra
儿子

tamu

客人

bibi

阿姨

paman

叔叔

kakak laki

兄弟

kakak perempuan

姐妹

dahi
前额

mata
眼睛

bahu
肩膀

jari
手指

muka
脸

dagu
下巴

tangan
手

payudara
乳房

kaki
腿

lengan
手臂

bayi
婴童

pria
男人

wanita
女人

perempuan
女孩

laki
男孩

kepala
头

punggung

背部

perut

肚子

pusar

肚脐

toe

脚趾

tumit

脚后跟

tulang

骨头

pinggang

臀部

lutut

膝盖

siku

手肘

hidung

鼻子

pantat

屁股

kulit

皮肤

pipi

脸颊

telinga

耳朵

bibir

嘴唇

mulut

嘴

gigi

牙齿

lidah

舌头

otak

脑

jantung

心脏

otot

肌肉

paru-paru

肺

hati

肝脏

stomach

胃

ginjal

肾脏

hubungan seks

性交

kondom

避孕套

sel telur

卵子

sperma

精子

kehamilan

怀孕

menstruasi

月经

vagina

阴道

penis

阴茎

alis

眉毛

rambut

头发

leher

脖子

rumah sakit
医院

ambulans
救护车

kursi roda
轮椅

patah tulang
骨折

dokter

医生

ruang darurat

急诊室

perawat

护士

darurat

紧急情况

semaput

昏迷

sakit

痛

cedera
受伤

perdarahan
出血

serangan jantung
心脏病发作

stroke
中风

alergi
过敏

batuk
咳嗽

demam
发烧

flu
流感

diare
腹泻

sakit kepala
头痛

kanker
癌症

diabetes
糖尿病

ahli bedah
外科医生

pisau bedah
手术刀

operasi
手术

CT

CT

sinar x

X光

usg

超声波

topeng

口罩

penyakit

疾病

ruang tunggu

候诊室

penyokong

拐杖

plester

石膏

perban

绷带

injeksi

注射

stetoskop

听诊器

usungan

担架

termometer klinis

体温计

kelahiran

出生

kelebihan berat badan

超重

alat pendengar

助听器

desinfektan

消毒液

infeksi

感染

virus

病毒

HIV / AIDS

艾滋病

obat

药物

vaksinasi

接种疫苗

tablet

药片

pil

药丸

panggilan darurat

急救电话

ukur tekanan darah

血压计

sakit / sehat

生病/健康

Tolong!

救命！

alarm

警报

penyerbuan

突击

serangan

攻击

bahaya

危险

pintu darurat

紧急出口

Api!

着火啦！

alat pemadam kebakaran

灭火器

kecelakaan

意外

kit pertolongan pertama

急救箱

SOS

呼救信号

polisi

警察

Eropa

欧洲

Amerika Utara

北美洲

Amerika Selatan

南美洲

Afrika

非洲

Asia

亚洲

Australi

澳洲

Atlantik

大西洋

Pasifik

太平洋

Samudra India

印度洋

Samudra Antartika

南冰洋

Samudra Arktik

北冰洋

kutub utara

北极

kutub selatan

南极

Antarktika

南极洲

bumi

地球

tanah

陆地

laut

海

pulau

岛

bangsa

国家

negara

国家

bumi - 地球

jam wajah

钟面

jarum pendek

时针

jarum menit

分针

jarum detik

秒针

Jam berapa?

现在几点？

hari

天

waktu

时间

sekarang

现在

jam digital

电子表

menit

分

jam

时

minggu
周

Senin 周一
Rabu 周三
Jumat 周五
Selasa 周二
Sabtu 周六
Kamis 周四
Minggu 周日

kemaren

昨天

hari ini

今天

besok

明天

pagi

早晨

siang

中午

malam

晚上

hari kerja

工作日

akhir minggu

周末

hujan
雨

pelangi
彩虹

salju
雪

angin
风

musim semi
春

musim gugur
秋

musim panas
夏

musim dingin
冬

ramalan cuaca

天气预报

termometer

温度计

matahari

阳光

awan

云

kabut

雾

kelembahan

潮湿

kilat

闪电

guntur

打雷

badai

风暴

hujan es

冰雹

monsun

季风

banjir

洪水

es

冰

Januari

一月

Februari

二月

Maret

三月

April

四月

Mei

五月

Juni

六月

Juli

七月

Agustus

八月

tahun - 年

September

九月

Oktober

十月

November

十一月

Desember

十二月

bentuk

形状

lingkaran

圆形

persegi

正方形

persegi panjang

长方形

segi tiga

三角形

bola

球体

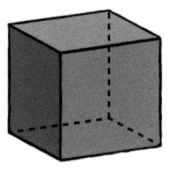

kubus

立方体

warna-warna
颜色

putih

白

kuning

黄

oranye

橙

pink

粉

merah

红

ungu

紫

biru

蓝

hijau

绿

coklat

棕

abu-abu

灰

hitam

黑

banyak / sedikit

很多/少许

marah / tenang

生气/平静

cantik / jelek

美/丑

mulaih / selesai

首/尾

besar / kecil

大/小

terang / gelap

明/暗

udara laki-laki / saudara perempuan

兄弟/姐妹

bersih / kotor

干净/肮脏

lengkap / tidak lengkap

完整/缺失

hari / malam

白天/晚上

mati / hidup

死/生

luas / sempit

宽/窄

dapat dimakan / tidak dapat dimakan

可食用/非食用

jahat / baik

邪恶/善良

bersemangat / bosan

兴奋/无聊

gemuk / kurus

胖/瘦

pertama / terakhir

第一/最后

teman / musuh

朋友/敌人

penuh / kosong

满/空

keras / lembut

硬/软

berat / enteng

重/轻

lapar / haus

饿/渴

sakit / sehat

生病/健康

ilegal / legal

非法/合法

cerdas / bodoh

聪明/愚笨

kiri / kanan

左/右

dekat / jauh

近/远

baru / bekas

新/旧

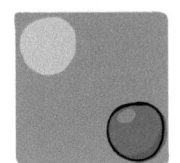

tidak ada apapun / sesuatu

没有/有些

tua / muda

老/幼

nyala / mati

开/关

buka / tutup

打开/合上

tenang / keras

安静/吵闹

kaya / miskin

富/穷

benar / salah

对/错

kasar / halus

粗糙/光滑

sedih / gembira

伤心/高兴

pendek / panjang

短/长

pelan-pelan / cepat

慢/快

basah / kering

湿/干

hangat / sejuk

温暖/凉爽

perang / damai

战争/和平

0

nol

零

1

satu

一

2

dua

二

3

tiga

三

4

empat

四

5

lima

五

6

enam

六

7

tujuh

七

8

delapan

八

9

sembilan

九

10

sepuluh

十

11

sebelas

十一

12
duabelas
十二

13
tigabelas
十三

14
empatbelas
十四

15
limabelas
十五

16
enambelas
十六

17
tujuhbelas
十七

18
delapanbelas
十八

19
sembilanbelas
十九

20
duapuluh
二十

100
seratus
百

1.000
seribu
千

1.000.000
juta
百万

bahasa-bahasa
语言

Inggris

英语

bahasa Inggris Amerika

美式英语

bahasa Cina Mandarin

普通话

bahasa Hindi

印地语

bahasa Spanyol

西班牙语

bahasa Perancis

法语

bahasa Arab

阿拉伯语

bahasa Rusia

俄语

bahasa Portugis

葡萄牙语

bahasa Bengal

孟加拉语

bahasa Jerman

德语

bahasa Jepang

日语

saya

我

kamu

你

dia

他/她/它

kita

我们

kalian

你们

mereka

他们

siapa?

谁？

apa?

什么？

begaimana?

怎样？

dimana?

哪里？

kapan?

什么时候？

nama

名字

dibelakang

后面

di

里面

didepan

前面

diatas

上方

diatas

上面

dibawah

下面

sebelah

旁边

di antara

中间

tempat

地点